MATKA

© 2017 Kovasin, Milla
Kustantaja: BoD – Books on Demand, Helsinki, Suomi
Valmistaja: BoD – Books on Demand, Norderstedt, Saksa
ISBN: 978-951-568-431-8

Karnevaalien aikaan

Silloin joskus karnevaalien aikaan,
kun vaaleanpunaiset ovet eivät tummuneet,
kun ruukut ikkunalaudoilla olivat ehjiä.

Silloin joskus, kun musiikki asteli kaduilla nauraen.

Silloin olin onnellinen, mutta nyt pelkään
ja itken itseni valveille.

Synty

Mies tunnettiin nimeltä Legenda
    varjo
        kohtalo

Hän vaelsi kylästä kylään,
talosta taloon
    ja hautasi kaiken taakseen

Nainen oli kuin valkea ratsu
    ylpeä
      yksin
        valittu

Yhdessä he synnyttivät kuoleman

Tyhjää

Räystäiden alla tippuvat veripisarat
melun keskellä hiljaisuus roikottaa särkynyttä ruumista,
kuin posliininukkea

Ihmisarvo kirjoitetaan historian kirjoihin osana menneisyyttä,
kaikuna tuhottujen kaupunkien kyyneleet

Perhekuva

"Sinä lähdet, jotta jaksat elää",
saattaa isä matkaan 10-vuotiaan,
16-vuotiaan
ei sillä väliä

Samaan aikaan äiti hautaa
tarinan lapsesta suuren pihapuun juurelle

Tätä on rakkaus

Äiti

Äiti,
minä en tahdo mennä.
En tahdo nousta pilviin ja laskeutua alas maahan,
vieraassa, mutta tutussa paikassa.

Äiti,
minua pelottaa.
Pelkään katsoa ulos, avata ovea,
sillä tiedän, että aikaa on vain vähän.

Äiti,
miksi minua ei huolita tänne, missä sinä olet.

Äiti,
minä en tahdo olla yksin.

Äti,
minä rakastan sinua.

Side

Vaikka joutuisin katsomaan taakse vuorten,
kuuntelemaan merten kuohujen läpi itkusi

Kannan sinua aina sylissäni,
sillä sinä olet minusta

Nyt muistan kasvosi unissa,
itkuissa,
teoissa,
ikävässä

Lohdussa,
silmät suljettuina
tunnen kätesi kädelläni

aivan kuin olisit tässä

Matkalla

Vääristyneet kasvot vedenpinnassa
hukkuneiden muistot leijuvat ilmassa

Ja selviytyneet tarttuvat niihin,
punovat vuosien kuluessa ne ehjiksi matoiksi
tai kaarnaveneiksi uusille matkoille

Turvassa, turvaton

Hän huutaa yli rajojen,
itkee näkymättömiä kyyneleitä

Hän hautaa päänsä raunioiden tomuun
ja vasta kun hän kuiskaa hiljaa: apua
saattaa joku kääntää hänelle toisen poskensa

tai nostaa hänet räsynuken lailla ylös vallihaudasta.
jonne monet ovat hukkuneet

Kylmä

Lumihuurre silmissä,
kyyneleet

kaukana kotona
äiti laittaa uunin lämpimässä ruokaa

lapsi kävelee yksin
lumisella kadulla ja pelkää

Joulupuu
Hän makaa vihreän lehvästön juurella,
patjana pistelevät oksistot,
yllään viikkojen kuluttamat vaatteet

lapsi rukka

Vihreiden pistely muistuttaa kodista,
joulusta,
äidistä ja isästä

kumpa vielä joskus saisi ripustaa
tähden kuusen oksalle

Meri

Alla jylhän vuoriston,
takana metsikön
se siintää,
se kohisee,
se kutsuu

Kutsuu upottamaan varpaat viileään,
kääriytymään kylmään viittaan,
unohtamaan,
häviämään

Huuhtoutumaan päivien päästä hiekalle,
kylmänä, tunnistamattomana myttynä,
muiden joukossa

Värikuvia

Veden syövereissä maa
vihreää,
sinistä,
punaista

Kristallinkirkkauden keskellä mustaa
elotonta
elävää

Kirkkaudessa kymmenet ääriviivat tuhoavat kauneuden.

Varjokaupunki

Varjokaupungin valot ovat himmeät
rikottujen katulamppujen kupolien
välähdyksien välissä tummat,
itkettyneet kasvot

Liassa vieraiden isien ja äitien kädet,
veressä petetyt lupaukset

Maan alla ei olla turvassa,
mutta elossa

KUILU

Ikävän elämä

Ikävä jättää taakseen surullisen sielun,
kuin soluttoman kennon ihmisen sisällä
sitoo sen kiinni kromosomiviidakkoon
jäädytetyin nivelin

Ja kun ihminen muuttuu tomuksi,
ikävä kuolee ja hautautuu krematorion
vieressä olevaan museoon

Kaukana kotoa

Minun kotini on jossain maailmanlaidalla
    raunioina kuun pinnalla
tuhkana tuhkan seassa
      muruina

merenpohjassa hukkuneena mutaan ja liejuun
matkalla menneisyydestä ikuisuuteen,
    eilisessä, joka on osana huomista

Sydän särkyvä

Särkynyt puusydän
heitetty täysinäiseen roskakoriin

Syrjäytetty,
eikä edes yritetty korjata

pikaliimalla
Erikeepperillä
sementtilaastilla

Hylätty

Kuvia kesäyössä

Valkoharjaiset vesimassat huuhtovat
rantaan onnettoman, yksinäisen
Samaan aikaan syö yöperhonen
palan koivunlehteä ja käy levolle

Rantahiekan uumeniin hautautuu
valkopeittoinen olento
Kaukana jossain,
kuutamon luomassa valokeilassa
huhuilee viisas ja nappaa kynsiinsä iltaruokansa

Valkean silmät sulkeutuu,
kun hiljainen nousuvesi hautaa sen alleen

Cycnus nousee aaltojen keskeltä siivilleen
ja vuodattaa kyyneleen menetetyn kumppanin vuoksi

Kuilu

Kylmän kalskahdus kehossa,
   ikuisuudessa
    yksin

Minäkuvan kertoma menneestä onnesta,
   nykyisyydessä
    pimeä

Pääni painuessa uneksin kodista
   perheestä
    onnesta
Kunnes tukehdun valkoisiin höyheniin

Ikävä

Ikävä miehen kyynelissä

koti on siellä, missä muistot
menneessä
ikävän sisällä

Hän katsoo ohitseni sanoen:
"Ei minulla ole elämää,
ei nyt,
ei täällä"

Kirje

Mies,
   nainen,
lapsi,
   perhe

vain nimi paperissa
   leima

Tuntemattoman määrittämä kohtalo
   kuolema
     elämä

mustetahrat paperilla
   kyyneleet

Yksin

Olen yksin.
Keinun luvatun maan haudassa,
hukuttautuneena tomuun ja raunioihin

Kovien, kirskuvien äänien raastaessa,
rikkoen ihon katkenneiden kynsieni juurelta

Yksin,
muiden yksinolevien seassa huutamassa armokuolemaa
tai uutta elämää, mitä vain muuta kuin tätä pimeyttä

Pimeyttä kirkkaiden värien keskellä,
kohti iskeytyvien valopallojen ympäröimänä.

Mitä vain muuta kuin tätä

Hinta

Miehen silmissä tyhjyys

Luen joka päivä otsikoista vääristä päätöksistä,
mietin tuhansia petettyjä lupauksia

Miehellä ei ole ketään
kivenlohkareet nielivät seitsemän lasta ja vaimon

Riepotellaan vielä vähän ihmisparkoja,
tarjotaan päättäjille ilmaiset veret
purppuranpunaisissa laseissa

ja annetaan muiden maksaa

Hauras

Hän oli hauras,
valkea keiju suuren vaahteran oksalla

kyynelsilmä, sulosielu, joka halusi lentää,
vaikka hänen siipensä olivat katkenneet

Hän istui mustassa syvyydessä, mustalla penkillä,
joka oli kuin sielu, hänen sielunsa

palanut karrelle

Hetki

Näinä hillittyinä hetkinä katson joelle
ja näen kasvot sen peilistä
    virrasta
    pohjasta

En sulje silmiä kalvoille piirtyneiden
huutojen vuoksi vaan itken itseni uneen
mustien silmien katsoessa tyhjään

Sillä minä olen kuollut
siinä, missä muutkin ovat

ja puhallan pinnalle viimeiset kuplat

Puu

Mies istuu korkean puun ylimmällä oksalla,

kurottaa kuuhun ja solmii köyden kiinni rusetilla

Ja ennen kuin kukaan on ehtinyt sanoa

historian kirjoista tunnetun kissan nimeä,

on hän jo hypännyt alas köyden silmukka kaulallaan

"Hyvä, nyt niitä on yksi vähemmän",

toteaa mustiin pukeutunut kauempana seissyt mies

ja nauraa

ELÄMÄ

Tehdäkö vaiko ei tehdä?

Tuhoon tuomittujen ruhtinaiden ristiinnaulitsemisyritys,
pelote vallankäytön keskellä
On synti rikkoa kaavaa

Annetaanko kuningatarten ja kuninkaiden
piiloutua pienempien shakkinappuloiden taakse,
katsomaan kaukaa silmiin kuolemaa

vai onko aika ryhtyä kapinaan?

Elämä

Elämä on kuin joen virtaa pitkin juokseva ajopuu
Joskus, kun joet risteävät,
törmäävät kaksi ajopuuta keskenään
ja niissä kasvavat vesikasvit kutovat verkon niiden välille,
sulattaen ne lopulta yhteen

Kyynelmeri

Minä katson merta kyynelten läpi
Se on syntynyt poskien suolavesipuroista

niellyt satoja syvään Mariaanienhautaan,
jättänyt toiset sadat selviytymään
selviytymisen taakan läpi uuteen alkuun

Katson ja mietin:
Miksi juuri minä?

Minäkuva

Minä olen lyhty
  puunvarsien varjoissa
    ajaton valo

Ikuisuus äidin helmassa
  muistoissa

Ikävässä syvyys
  heikkouden keskellä elämä

Voin nähdä tulevaisuuden merkit

Pyykkinaru natisee yhtä uhkaavasti,
kuin luokkahuoneen siniset penkit

pian on talvi,
mutta minä en enää syö jääpuikkoja kanssasi,
vaan katson kuinka

linnut viimeistelevät muuttoreittejään,
samalla kuin orava ryöstää viimeisen
pihlajanmarjan puusta

Pimeys

Vaahtera

Hiljaisina hetkinä istun ikkunasyvennyksessä
ja luen päälläni sinin pitsimekko,
jossa on koinsyömiä

luen Dostojevskia ja Shakespearea sekaisin,
  lopusta alkuun
    alusta loppuun
unohtaen olemassaoloni

ja viimein kun kohotan katseeni ikkunaan,
kuihtuu vaahtera talomme takapihalla

Minun Suomeni

Minun Suomeni on unta
se on täynnä haaveita
tuhansien onnien liittämisestä,
    liimaamisesta keijupölyllä

Minun Suomeni on unelma,
unelma yhteisistä rajoista
    kiiltokuvia käsi kädessä leikkaavista lapsista

Minun Suomeni on peilikuva nykyisestä,
    käänteisenä järjestyksenä aakkosissa
    yhteytenä yksinäisyyden keskellä

Kotina elämässä

Tarina tulevasta

Kerro minulle totuus
kiiltokuvaenkeleiden elämistä,
kerro saniaisten alla elävistä
vaaleanpunaisista sisiliskoista

Kerro jäätelömaasta ja hattarapilvistä
        äläkä teeskentele etteikö ne olisi totta

Sillä eräänä päivänä minä näin sinut
ja kuulin sinun nauravan kuin ennen

Mielikuvitusmaailmoissa

Mielikuvitusmaailmojen sisällä varjot käyvät sotaa,
mihin emme tässä maailmassa pysty

siellä poliitikot eivät heittele toisiaan piikkipallovitsauksilla
pyrkiessään tekemään vaikutusta kansalaisiin
Kyöpelinvuorelta käsin

eivätkä sairaalat kiinnitä oville lappuja:
"Ilman henkivakuutusta et ole minkään arvoinen"

mielikuvitusmaailmoissa oikeuksista,
jotka tässä maailmassa kuuluisivat kaikille,
taistellaan, sillä täällä siihen ei ole varaa

Kuvitelma

Minä vaellan aavikolla
  silmissä suolahiekkaa,
    jyvänmuruja sydämessä
muistoina sinusta ja minusta

Vaikka meitä ei koskaan ollutkaan
muualla kuin unissa,
  joiden tilalle ovat saapuneet painajaiset
    valveunina tulevasta

Muuri

Muurin sirpaleet ovat kukkineet
Tie vie minut yksinäiseen louhokseen

enkä minä löydä ulos tyhjyyden raunioista,
joissa olen kasvanut yksin

Näky

Minä näen sinut varjona
Siktuksen kappelin uumenissa

    yönä porttikongeissa
        aamuna auringon valossa

unessa
  unelmissa
      painajaisena
        elämässä

Maailma

Sinä katsot minuun ja kysyt,
mitä maailma oli ennen tähtien syntyä

Minä vaikenen ja katson ohitsesi,
taivaalle, tomun taakse

Maailma ilman tähtiä oli suuri,
musta äärettömyys,
elämä tasapainottomassa meressä,
jonne ihmiset katosivat äänettöminä,
huutamatta apua – vastaan

Ja sinä katsot minua kyyneleet silmissä.
Maailma ei siis ole muuttunut

Lupaus

Mitä on lupaus?

Se on oikeasti tai mielikuvitusmaailmassa
vannottu asia

    asia,
joka suurin silmin yritetään lausua todeksi

Se on rikkinäisen levyn kirkuna soittimessa,
    jota neula hankaa

        mutta joskus,
kun vesi ei ole mustaa,
    eikä taivas itke

se on totta
  ja se on minun lupaukseni sinulle

Vahva

Minä istun täällä
  maailmanlaidalla

katson kuvaa sinusta ja minusta,
    meistä,
jotka käymme yhdessä maailmaa vastaan

      enkä koskaan ole ollut
      yhtä vahva kuin nyt

Alku

Oven takana uusi elämä
kahdelle, yhdelle
alku

Pöydällä kaktus ja viinilasi
tuleva huominen

Korotan käteni sitä kohti
ja olen kotona

Lukko

Kukita minut,
kuin Romeo kukittaisi Julian

Iske suoraan sydämeen
Qupidon nuolenkärjellä
 ja sulje sanat sydänsineteillä
 pehmustettuun rasiaan

Siellä ne odottavat joulua
 ja rakkautta

Ja odota sinä huomiseen,
sillä silloin sydämeni avataan
 riippulukosta

Pelastettu

Minä poimin sinut romukopasta,
jonne sinut on hylätty

Ripotan tomuna yllesi rakkauteni,
jotta kukaan ei rikkoisi sinua

Olet täydellinen juuri sellaisena kuin olet

Omakuva

Muistan entisen elämäni,
  kaaos ikuisessa virrassa
    vailla tarttumapintaa,
johon olisin voinut tarrata

Muistan epätoivon askeleet
  päässäni
juostessani pakoon ajatuksia

                elämää, kuolemaa

Nyt istun uuden kotini kuistilla
ja voin vain hymyillä,
  sillä tiedän,
että ilman muistoja en olisi minä

Olisin hukattu sielu erämaassa,
  josta ruumiini löytäisi vain
    kojootit ja korppikotkat

Istun kuistilla kädessä kuppi teetä
  ja nauran
      sillä siihen minulla on oikeus

En tiedä, mitä historiassani lukisi,
    jollen olisi tässä

Lukisiko siinä palasia
muistokirjoituksista hautakivestä
    tai päättyisikö se kesken
    kolmeen pisteeseen

Tiedän kuitenkin
    etten kadu, sitä että lähdin
    ja siksi elän, vaikka päivittäin luen
    kauhukuvia entisestä kodista
        ja itken

Tatuoitu

Olen kultakala kuplassa
   meren syvyyksissä

Ihoni suomuissa
   lukee nimesi
     kaunokirjaimilla

          tatuointeina

Pinnan alla tarina
   kaukomaista
     muistoista

       meistä

Minä elän

Istun perhonen olalla hylätyllä penkillä
ja laulan tuutulaulua, jonka muistan

äidin laulu henkäyksenä korvissa
tuuli

isän käsi ja syli lohtuna itkun keskellä
syli

Katson autioita katuja ja päätän elää

tässä hetkessä
onni

Lahja

Rukous
   kaksi joutsenta kaulatuksin,
   kuin sydän ja sen laulu ilosta

Lupaus
   perhonen olalla kuin halaus,
   jonka annoin sinulle
   solmittuna punaisella rusetilla

Hymy
   kallein lahja sinulta minulle
         rakkaus

Lupa

Minä olen muumioinut kotini
vaaleanpunaisin verhoin,
jotta ei olisi ikävä

Olen pyöräillyt veden pinnalla
koska pystyn ja voin,
perustelematta,
    sillä siihen minulla on oikeus

Kohti

Elämä on kuin riippusilta
  se notkuu ja vaappuu
    ylös alas
kannatellen kuin
  nuoralla tanssijaa
hitaasti eteenpäin

Mennyt tuleva

Poika vailla nimeä itki
  alasti kuun valossa

Nyt rakentaa kotia
  sydämeen

aikuisena
  naamioituneena turvaan

ja nauraa

Aamu

kuppi kahvia ja lehti
sängynlaidalla
rakkaus

Sielu

on sidottu maailmaan
   kahleilla

sille kuuluva
   tunteva

hetki hetkeltä
         kaikki

Omakuva

Olen kivi,
   tiili keskellä takkaa

turta
   itseni turruttanut
ulos sielusta

sillä en halua tuntea,
   jotta en tuntisi tuskaa

Peloton

En aio katua,
kaatua ja muistaa mennyttä

En vaikka pelkään epäonnistuvani,
rikkovani sinut
sadoiksi sirpaleiksi

Liikun

Minä liikun,
  irtonaisena kohti maan keskipistettä

Valmistaudun
  kohtaamaan sinut

eilisessä väreilee huominen

Hyvästi

Katson vihreää kita auki ulvovaa lohikäärmettä
ehkä se itkee rakkaansa perään,
kuten itkin sinun perääsi

Hautaan muistot juoksevaan viiniin
puistossa kaarien alla ja sukellan labyrinttiin
uuden rakkaani kanssa marmorimuurien välistä

Nämä ovat hyvästit sinulle